早稲田教育ブックレット No.34

不登校問題と子ども・若者の「居場所」の現在

―不登校の子どもが生きる「社会」を拓く―

はじめに

本書は、二〇二四年一二月七日に開催した「不登校問題と子ども・若者の『居場所』の現在」をテーマとした教育総合研究所主催の教育最前線講演会シリーズ第三九回の内容を編集し、ブックレットとしてまとめたものです。

この講演会の企画は二〇二四年春学期の、「近年、キャンパスで見かける学生が減り、さらに学生間の交流の濃淡の違いが著しいなあ」という私の印象に始まります。学生のキャンパスでの過ごし方の変化について、私たち教員が気づいていないことがあるのではないかという思いにいたります。同年九月に講演会の企画を考えることになり、「若者の居場所」に関する研究をされている阿比留先生（早稲田大学文学学術院）に相談を持ちかけ、今回の講演会の企画につながっています。

講演会は、二つの提案から始まります。我が国における不登校問題がどのように変化してきたのかについて森田次朗先生（中京大学）より教育社会学・福祉社会学の視点から、続いてフリースクールで出会う子どもたちの思いはどのようなものであるのかについて、ＮＰＯでの活動から松島裕之氏（ＮＰＯ法人ネモネット）よりお話をいただきました。提案を受け、今回の企画にもご尽力いただいた阿比留久美先生（早稲田大学）に指定討論者として、子ども・若者の居場所と学校の視点と先進国の事例を交え、二つの提案を講演会テーマに集約し、座談会へつなげました。座談会の冒頭は、会場（ネット参加含む）からのご質問・ご意見への回答から始まり、三名によるクロストークにつながりました。

この企画は、我が国における不登校問題を当事者・関係者だけでなく、大学を含む地域社会で一緒に考えるきっかけになることを願ってスタートしたものです。本誌がさらにその広がりの一助になれば幸いです。

二〇二五年三月吉日

早稲田大学教育・総合科学学術院　三尾　忠男

提案一　「不登校」をめぐる論点整理
――教育社会学における関係論と権利論の視点から

中京大学現代社会学部　森田　次朗

一・はじめに――関係論と権利論から見た「不登校問題」

近年、小学校や中学校を長期間欠席する子どもたちの数が増加しています。[1] こうした中、本稿[2]の目的は、文部科学省の公式統計と教育社会学の知見を参照しながら、日本社会では、何が長期欠席の「原因」（理由）とされているかについて概観すると同時に、いかなる対策が進行しているかについて考察することです。その際、「オルタナティブスクール」と呼ばれる民間施設（フリースクール等）のデータにも触れる予定です。このような研究の意義は、欠席の視点から、学校制度やそこでの学びのあり方について再検討することだと考えます。

先に結論を申し上げます。私は、不登校現象を分析する際に、「関係論」と「権利論」という二つの視点が重要だと考えます。まず、関係論とは、不登校が生じる背景を、子どもの状況（健康・心理状態、発達段階等）と生活環境（学校、家庭、地域等）の関係、とくに齟齬に着目しながら、多角的に捉えようとする視点のことです。他方の権利論とは、学校に行かない子どもの学習機会を子どもの権利、換言すれば、個人の尊厳や社会関係の基盤という側面から捉える視点です。

二・「不登校」の定義から見落とされる「学校に行かない子ども」の多様な実情

二〇二四年十月に、文部科学省が公表したデータ（二〇二三年度）によれば、小学校と中学校の不登校児童生徒数（年間で三〇日以上の欠席者）の合計は、三四万人を超え、過去最多となりました（文部科学省　二〇二四ａ）。とくに、この結果がマスメディアから報道される際に、不登校の原因として強調されるのが、心理的な要因です。たとえば、不登校児童生徒について、学校が「把握した事実」の上位三つは、①「やる気が出ない等」（国公私計、かつ小中合計で三二・二％）、②「不安・抑うつ」（同二三・一％）、③「生活リズムの不調」（同二三・〇％）です。

他方、下位三つは、①「いじめの被害」（同一・三％）、②「学校のきまり等」に関する相談（二・〇％）、③「教職員との関係をめぐる問題」（同三・〇％）で、他の「あそび、非行」（同三・四％）や「転編入学、進級時の不適応」（同四・〇％）、「障害（疑い含む）」（同七・〇％）、「家庭生活の変化」（同七・二％）も、その割合は高くありません。しかし、本当に、これが実態でしょうか。

以下では、四つの項目ごとに、公式統計では見落とされがちな論点について説明していきます。

第一の論点は、「不登校」の定義です。文部科学省の定義を見ると、「何らかの心理的、情緒的、身体的、あるいは社会的要因・背景により、児童生徒が登校しないあるいはしたくともできない状況にある者（ただし、「病気」や「経済的理由」による者を除く。）」とあります（文部科学省　二〇二四ａ）。ここで重要なのが、最初に「長期欠席」（年間三〇日以上）というカテゴリーがあり、そのサブカテゴリーとして、①病気、②経済的理由、③不登校、④その他が存在する、という点です。つまり、不登校とは、長期欠席というグループの中の一項目に過ぎません。

加えて重要なのが、この定義に従って判断される不登校の境界が曖昧で、恣意的に引かれている可能性が高いという点です（酒井　二〇一〇：五一―一六）。わかりやすい例は、都道府県別に見た病気、不登校、その他の出現率の違いです。たとえば、私が二〇二三年度のデータから計算したところ、島根県は、年間で三〇日以上学校を休む児童生徒（小中計）のうち、不登校が理由とされる割合（九〇・五％）が、全国で最多の都道府県です。これに対し、岡山県は、不登校の割合が最少（五〇・九％）で、反対に、病気とその他の割合が最多です（順に三四・八％、一四・四％、島根県は、順に五・八％と三・六％）[3]。注目すべきは、日本のように義務教育や医療の水準が標準化され、地域間のばらつきが比較的少ないと考えられる国で、不登校や病気の割合が、同じ中国地方の二県でこれほど大きく異なるのは、統計上、不自然ということです。

さらに、不登校の境界と密接に関連するのが、「脱落型不登校」をめぐる問題です（保坂　二〇〇〇、二〇一九）。これは、心理的な要因よりは、家庭環境等の社会経済的な要因の影響で出席が困難になるタイプの不登校です。典型は、怠学や非行を理由とした欠席（ドロップアウト）で、虐待や居所不明の事例も含まれます。このように、生育環境上の問題を背景とした長期欠席者が、「神経症型不登校」（保坂　二〇〇〇：四六）をモデルとした欠席者像の影に隠れてしまいます。

第二に、文部科学省の調査では、欠席理由を、通常は教員（学校）が回答するため、その実情が誤認されている恐れがあります。たとえば、長期欠席の経験者に、「不登校継続の理由」を尋ねた研究があります（森田　二〇〇三）。たしかに、このデータ（N＝一三九三）でも、前述の文部科学省の調査結果と同様、「情緒的な混乱」（一七・五％）と「無気力」（一四・八％）という回答は多数を占めます。ですが、注目すべきは、最多が、他生徒からの「いやがらせ」や「教師との人間関係」等を含む「学校生活の問題」（一九・七％）で、続いて「複数の理由」（一九・一％）が多いという点です。このように、心理的な要因にばかり目が向くと、他の要因が軽視されやすくなります。また、様々な葛藤を抱える本人に、直接理由を尋ねること自体が乱暴なことだと思われます。

　第三に、不登校や長期欠席という言葉に加え、あえて「学校に行かない子ども」という用語を使う研究者がいます（酒井　二〇一〇：一一―一六）。なぜなら、欠席が成立するためには、学校での在籍が前提になるわけですが、そもそも、学籍簿に登録されておらず、通学が前提とされていない子どもの場合には、欠席という行為が成立しえないからです。

　わかりやすいのが、就学免除者と外国籍の子どもの例です。二〇二四年度のデータによれば、就学免除者数（学齢児童生徒）は、全国で二八九九人です（文部科学省　二〇二四b）。その内訳を見ると、養護学校（当時）の義務化が成立する一九七九年より以前は、「病弱」や「発育不完全」等が上位を占めるとされてきましたが、近年は「重国籍」が上位です（保坂　二〇一九：七一―七五）。後者の一例をあげると、国際結婚に伴い、二重国籍をもつ子どもが、将来、自らのルーツがある海外で教育を受けることが決定しているため、日本での就学が免除されるものが該当します。また、そもそも、日本国憲法第二六条には、「すべて国民は」で始まる条文があり、文部科学省によれば、日本では、「外国人の子の保護者に対する就学義務はありません」とされています（文部科学省　二〇二五）。そのため、不就学状態にある外国籍の子どもが、長期欠席者として把握され、支援を受けることは困難です。[4]

第四に、学校に行かない子どもたちが通う民間施設のうち、「オルタナティブスクール」と呼ばれる形態がありますが、その運営・設立者へのアンケート結果から、不登校問題をめぐる実情が垣間見えます（藤根・橋本　二〇一六：九―一二）。それは、当該スクールにおいて、次の特徴のある利用者の数が、「一人以上」と回答した割合が少なくない、という知見です。その代表は、①「一人親家庭」（八四・二％、N＝一七七）、②「発達障害や学習障害があるとみなされがち」（八〇・七％、N＝一七一）、③「虐待を受けている、受けていた恐れのある」（四〇・三％、N＝一四四）、④「日本以外の国や地域にルーツのある」（三八・一％、N＝一五五）、⑤「身体的・社会的性別に違和感を持つ」（一五・二％、N＝一三八）です。ここから、オルタナティブスクールには、一般的な学校（いわゆる、学校教育法上の「一条校」）では、個別的に十分に対応することが困難だと思われる、多様で複雑なニーズを抱えた利用者が在籍していることがわかります。

三．「教育機会確保法」の運用と課題

ここまで、関係論の視点から、不登校の定義や原因（理由）をめぐる問題について論じてきました。ですが、長期欠席や不就学の問題を多角的に捉えるといっても、最終的には、学校に行かない子どもたちに、どのような支援をすべきかが争点になります。また、不登校児童生徒数が増

加している現状を受け、文部科学省も手をこまねいているわけではなく、様々な方針や取り組みを打ち出し、実施しようと努めています。そのため、以下では、現在、不登校関連で進行中の施策として、「教育機会確保法」と呼ばれる法律の運用と課題について論じます。

この法律の正式名称は、「義務教育の段階における普通教育に相当する教育の機会の確保等に関する法律」で、本法は、二〇一六年に成立し、翌年から施行されました。理念としては、不登校児童生徒の「多様な学習活動の実情」を踏まえ、「個々の不登校児童生徒の状況に応じた必要な支援」を行うことが掲げられています。とくに、子どもの権利条約等の趣旨にのっとり、「年齢又は国籍その他の置かれている事情」に関係なく、「能力に応じた教育を受ける機会」を確保することが明記されています。そこで、文部科学省の通知や関連資料から、「教育機会確保法」の運用方針とその例を整理すると、次の六点が重要です（文部科学省　二〇二三：森田　二〇二二）。

第一に、本法の運用を通して、「より良い学校づくり」が目指されています。これは、学校を「みんなが安心して学べる」場所にすべく、教員が多忙化に直面しつつも、不登校という問題に「チーム学校」として対応することが強調されています。第二に、スクールカウンセラーやスクールソーシャルワーカーを活用し、これらの専門職員と教員が連携すること、第三に、通学・通所が難しい児童生徒には、一定の条件を課しつつも本人の意向を考慮したうえで、自宅等において、ＩＣＴ等を活用した学習活動やそうした活動の成績評価を行うことが望ましいとされています。第四に、夜間中学や学びの多様化学校（旧不登校特例校）のように、カリキュラム等を柔軟に設定できる学校を開設したり、学校外に教育支援センターを設置し、不登校児童生徒の相談を受けたりすることが推進されています。第五に、学校現場と民間施設との連携を進めること、第六に、「経済的支援」を検討することが掲げられています。

以上のように、近年では、学校制度の外部に、フリースクール等の多様な民間施設や教育機関が登場し、これらと学校現場が協働することで、不登校児童生徒の教育機会を保障することが期待されています。他方で、一条校の中にも柔軟なカリキュラムをもつものが現れた結果、不登校児童生徒の進路の一つになりつつあり、まさに公教育は転換期にあると考えられます(5)。

では、「教育機会確保法」の運用をめぐる課題は何でしょうか。一言でいえば、学校に行かない子どもやその保護者にとって、学校以外の学びの選択肢が広がる一方で、様々なリスクが生じうるという点です（森田　二〇二二）。なかでも、私が注目したいのが、①教育産業（企業等）による学校外の学び場・居場所の営利化、②民間施設への公費助成（補助）に関する国や自治体からの規制強化、③欠席中の出席扱いや成績評価をめぐる子どもへの影響です。また、近年は、「有用な人材になるなら、不登校児童生徒の教育機会を認める」という趣旨の政治家の発言が、容認されつつあるようです（永田　二〇一九）。こうした事態が進むと、本来は「権利」として無条件に保障されるべき学習機会が、卒業や就労等の条件が付かないと保障されにくくなってしまいます。

四．考察――知る権利・一割の妙・反実仮想

以上のように公教育が転換しつつある中、私たちは、どの方向に進むべきでしょうか。最初に、

学校を休む子どもたちにとって、様々な学習・進路上の選択肢が増えても、それが、どこに存在し、どのようにつながれば良いかが不明だと、「絵に描いた餅」で終わります。そこで、子どもの休息権や意見表明権と同時に、「知る権利」をいかに実現するかが論じられるべきです。とくに、インターネット上をはじめとする情報や法制度に関する知識を提供し、自分が必要とする施設・機関につないでくれる「コーディネーター」や「オンブズパーソン」（吉田　二〇二三：四六）の養成が求められています。

また、研究者が「一割の妙」と呼ぶ発想も重要です（永田　二〇〇五：ii）。なるほど、前述のオルタナティブスクールに通う子どもの割合は、学校に行かない子どもたちのなかでも少数派で、一割にも満たないかもしれません。ですが、義務教育制度の外部に、「学校ではない学校」が存在し、セーフティネットとして子どもの権利が保障されたり、学校外にも自分の居場所があるという安心感が生まれたりすることこそが、公教育全体の課題を再考していくための足場になります。

さらに、公教育のあり方を考える際に、私は、「反実仮想」と呼ぶべき視点が重要だと思います。反実仮想とは、「もし～だったら良いのに」と、事実とは反対のことを想像することであり、一見、無意味な行為のように思えます。ですが、「こんなこといいな」というアニメソングのように、まずは、たった一人であっても、自らの生きづらさや社会への違和感を呟くことこそが、立場を同じくする仲間とつながり、新たな制度を構想するための出発点になりうるのではないでしょうか。

最後に、本稿の主張をまとめます。第一のポイントは、関係論的な視点の意義です。心理的要因に主眼を置いた不登校像（神経症型不登校）からは、家庭環境に代表される社会経済的な要因や、学校生活上の問題を理由とした長期欠席（脱落型不登校）が、看過されがちです。そこで、関係論的な視点にたつことで、「ないもの」にされている存在（阿比留　二〇二二）に関心が向けられるようになります。ただし、誤解のないよう、私がただちに強調したいのは、不登校の原因を「神経症型か脱落型か」の二者択一で考えることではありません。代わって、双方の要因を視野に入れながら、不登校現象を、まさしく複眼的に見ることが不可欠だと思います。

第二のポイントは、権利論の視点です。不登校問題を取り上げる時に、私たちは、つい学習（勉強）の機会を保障することが重要だと考えがちです。しかし、大前提として、十分に休息ができ、その人のペースで生活を送れることが一層、重要だと考えます。とくに、「ユネスコ学習権宣言」（一九八五年）に掲げられているように（阿比留　二〇二二：一六七）、生きづらさを含め、子ども自身の声や経験に寄り添いながら、「学習権」とはいかなる権利で、その内実は何かを問い直せるような仕組みが保障されるべきです。換言すると、不登校問題を「心の問題」としてのみ捉え、学校を休む子どもに、「あなたの感じ方次第で『克服』できる」と指導することではなく、そうした子どもの権利や自由を保障するにはどういう場が必要で、その前提として、不登校とは誰にとって、どのような意味で「問題」かを、子どもらと対話しながら問い続ける視点こそが大切です。

なお、本稿では、十分に扱えなかった論点があります。それは、①「教育機会確保法」の課題として、初等教育と中等・高等教育をどう接続するか（新卒一括採用の再考）、②子どもの「ニーズ」とは何で、その多様性をどこまで公教育（公費）の枠内で取り上げるべきか、という論点です。これらは、別の機会に論じたいと思います。ご清聴、ありがとうございました。

《注》

（1）本稿では、紙幅の関係上、コロナ禍以降、長期欠席者数が急増している背景の一つに、文部科学省による調査法の変更があると考えられる点（保坂・重　二〇二三）には触れない。
（2）本稿は、講演会の文字起こしを大幅に修正したもので、講演会用の図表は全て削除した。
（3）全国平均は、病気が二一・四％、不登校が七〇・二％、その他が八・三％（筆者算出）。
（4）不登校児童生徒の場合、学校内外の機関等で「専門的な相談・指導等を受けていない人数」は、小学校で四万七千三四三人、中学校では八万七千二五人である（文部科学省　二〇二四ａ）。
（5）陸上競技のコースになぞらえて、「不登校トラック」（山田　二〇一〇：九四―九五）と呼ばれる。

【主要参考文献】（アルファベット順）

阿比留久美、二〇二二、『孤独と居場所の社会学――なんでもない〝わたし〟で生きるには』大和書房。

藤根雅之・橋本あかね、二〇一六、『全国のオルタナティブスクールに関する調査報告書』（発行・監修：全国オルタナティブ学校実態調査プロジェクト（代表者：吉田敦彦））。

保坂亨、二〇〇〇、『学校を欠席する子どもたち――長期欠席・不登校から学校教育を考える』東京大学出版会。

――――、二〇一九、『学校を長期欠席する子どもたち――不登校・ネグレクトから学校教育と児童福祉の連携を考える』明石書店。

保坂亨・重歩美、二〇二三、「長期欠席（不登校）は増加したのか？――「児童生徒の問題行動・不登校等生徒指導上の諸課題に関する調査結果」について」『千葉大学教育実践研究』二六：六七―七三。

文部科学省、二〇二三、「不登校対策（ＣＯＣＯＬＯプラン等）について」（二〇二五年一月五日取得、https://www.mext.go.jp/a_menu/shotou/seitoshidou/1397802_00005.htm）。

――――、二〇二四ａ、「児童生徒の問題行動・不登校等生徒指導上の諸課題に関する調査」（二〇二五年一月五日取得、https://www.mext.go.jp/a_menu/shotou/seitoshidou/1302902.htm）。

――――、二〇二四ｂ、「学校基本調査（不就学学齢児童生徒調査）」（二〇二五年一月五日取得、https://www.mext.go.jp/b_menu/toukei/chousa01/kihon/1267995.htm）。

――――、二〇二五、「十三、外国人の子等の就学に関する手続について」（二〇二五年一月五日取得、https://www.mext.go.jp/a_menu/shotou/shugaku/detail/1422256.htm）。

森田次朗、二〇二二、「不登校問題からみた福祉／教育の境界と子どもの自由――ケイパビリティ・生きづらさの仕分け・フリースクール」『福祉社会学研究』一九：五一―七〇。

森田洋司編、二〇〇三、『不登校――その後』教育開発研究所。

永田佳之、二〇〇五、『オルタナティブ教育――国際比較に見る二一世紀の学校づくり』新評論。

――――、二〇一九、「多元的な教育社会の設計に向けて――オルタナティブが活かされる教育社会の在り方とは」永田佳之編『変容する世界と日本のオルタナティブ教育――生を優先する多様性の方へ』世織書房、六一〇―六四四。

酒井朗、二〇一〇、「Ｐａｒｔ Ｉ 学校に行かない子ども」苅谷剛彦・濱名陽子・木村涼子・酒井朗『教育の社会学――〈常識〉の問い方、見直し方（新版）』有斐閣、二―六五。

山田哲也、二〇一〇、「学校に行くことの意味を問い直す――「不登校」という現象」若槻健・西田芳正編『教育社会学への招待』大阪大学出版会、七七―九五。

吉田敦彦、二〇二三、「別様な市民が創るオルタナティブな学び場の公共性――〈縁側〉をもつ応答的包摂型公教育の生成へ」佐久間亜紀・石井英真・丸山英樹・青木栄一・仁平典宏・濱中淳子・下司晶編『教育学年報一四　公教育を問い直す』世織書房、二九―五六。

提案二　フリースクールで出会う子どもの思いと学校

ＮＰＯ法人ネモ　ちば不登校・ひきこもりネットワーク　松島　裕之

はじめまして、松島と申します。一九八二年生まれで、学校は千葉県の公立学校に通っていましたが、小学校四年生で不登校になりました。最終学歴は中卒。県内にこども三人全員が不登校だという農家の方がいて、月に二回ぐらい遊びに行っていました。毎回一〇人弱の不登校の子どもたち集まって、いわゆる居場所活動のような状態でした。その後、二〇〇七年から都内のフリーフリースクールのスタッフ、二〇一二年からはフリースクールへの公的支援（後の教育機会確保法）の成立に向けた運動のための事務局として勤務。現在はまたフリースクールの現場に戻って子どもたちと関わる事を仕事としています。

現在の職場では「安心と楽しさを大切にする居場所」ということを掲げています。その「安心と楽しさ」それから「自由」って何だろうということを最初のテーマとさせていただきます。まずは「安心」です。体罰やいじめ、他者との競争を強いられることが無くて安心というのはもちろん大前提としてあります。だけど、それだけではなく「学校に行っていない漠然とした不安」から離れられるように、これを大切にしています。

不登校をしていると「このままではろくな大人になれない、就職もできないし結婚もできない…」そんなプレッシャー、不安にさらされる事がよくあるのです。その不安を払拭しようとしても「学校に行けるよう頑張る」「ちゃんと就職できるよう頑張る」という方向では、なかなかしんどいのが不登校です。だから「不登校でも大丈夫」「道は色々あるし、将来どんな生き方をしても良い」「仲間だっているよ」という安心感を届けたいと思っています。

そして「楽しさ」も。「やるべきことができていないのに、遊んでていいんだろうか」って思ってしまう。だからといって「頑張る」事はできないし、頑張ったところで根本の不安は解決できない。結局苦しい思いだけが続いて、外からは遊んでいるように見えて、実は本人は苦しんでいるという状態になってしまう。「今やるべきことができていない自分が、将来に希望をもつなんておこがましい」と思ってしまう。将来に希望が持てなかったら、今頑張る気持ちも出てこなくて、ますます悪循環におちいってしまう。「学校に行っていない＝マイナスの状態」から「プラスマイナスゼロの状態」になるための努力って、すごくしんどいんですよね。だから、私たちは「学校なんて行かなくても大丈夫」「ちゃんと君はここで生きていて、成長している」「将来のためや、人に認められるための事ではなく、今自分が楽しい、やりたいと思えることをする、それでいいんだよ」という事を伝えたいんです。

具体的な活動はどんな感じかと申しますと、フリースクールネモにはあらかじめ決められたプログラムがほとんどありません。あるのは、月に二回の「ミーティング」のみ。前職でお付き合いのあったフリースクールでは、学校の時間割をもう少し緩くしたような、なおかつ学校とはちょっと違う内容も含んだプログラムがあって、そこに参加している人もいれば、そこには参加せず自分で決めたことをやっている人もいる、そんなスタイルの場所が多かったのですが、うちには時間割に該当するものがないんです。多くのフリースクールも週に一日とか二日とか「ミーティングで決めた企画を入れるための時間」があるのですが、うちではすべての時間が「ミーティングで決めた企画を入れられる時間」になっています。博物館や動物園に行ったり、料理や音楽の時間をつくる事もありますが、公園に行こうとか、人生ゲームを上限いっぱいの八人でやりたいから付き合ってほしいとか、そんな事も提案されますし、何の予定もない時間が一番多いのが特徴です。それから、フリースクールの中のルールもミーティングで考えます。共有の備品の使い方とか、簡単なことが中心ですが、どうすればみんなが公平感もってやって行けるか、ミーティングを通じて自分たちで考え、決められるようにしています。

それからもう一つ大切にしていること、見学に来た人にも伝えていることは「みんなで仲良くしよう」とは言わないよという事です。もし嫌なことをされたたらスタッフはあなたを守る。もしみんなと仲良くなりたい、一緒に遊びたいという気持ちがあったらできる限り応援する。だけど「みんなで仲良く」とは言わない。ここでいう「仲良く」というのは「みんなと同じように考えて、同じことをする」という事ですね。仲間としてお互いを尊重することは大事だけど、同じである必要はないんだという事です。

つい昨日も、入会後一週間も経っていない、しかも小学二年生の人が中・高生グループの遊びに「僕も入れて」と近づいて行ったのに、断られてしまうという事がありました。入会したばかりの、しかもこの場で最年少の人のお願いなんだから聞いてあげて欲しいなとも思うけど、同時に「今は真剣勝負をしたいんだ」っていう中・高生たちの気持ちも大切にしたい。断る、断られるという経験だって人生には必要です。だから、そんな時スタッフは断られた側に寄り添う事はするけれど、断った側に何らかの「指導」をしたりはせず、見守ります。

その日は、しばらくして中・高生の方から誘って一緒に遊ぶ時間は作ってくれました。ある程度自分が満足したら「仲間」の願いもかなえてあげようと思ったのか、それともしょんぼりしている人を見て居心地が悪くなったのか、心の内は解りません。また、毎回そのように「丸く収まる」とは限らないので、内心ひやひやもするのですが、万が一それでその場の空気が悪くなったとしても、それはその場で過ごす一人一人の行動や発言の積み重ねの結果なので、みんなで受け入れていくしかないんですね。

それから、断る事や、失敗する事など、一見するとネガティブに思えることも大切にしていきます。好きなことを見つける、夢中になることよりも、嫌なことはやらない、それを堂々と言えることはもっと大切だと言っても良いくらいに思っています。単純な話で言うと、私自身も含めみんな「学校が嫌だ」と感じて行かなかった、行けなかった経験を持っていて、その経験は否定されるようなことではないし、嫌だと思ったことに理由もなくていい。きっと理由は何かしらあるのだけど、それがうまく言葉にできなくても良いし、ましてや社会に理解してもらう必要もないという事をまず伝えたいんですね。

また、昨今の社会情勢を見ても「偉い人が白と言ったら、黒い物でも白くなる」という様なことも非常に多いなと感じています。長いものに巻かれろという生き方ではなく、おかしいと感じたことはおかしいとはっきりいえる、内心の自由を大切にできる、そんな人になってほしい、そんなことも考えています。

なので、フリースクールで起こる様々な物事に対して、メンバーの一人ひとりがどう考え判断するかは、それが偏見や誤解に基づいてのものでない限りは最大限尊重する。言葉にすれば綺麗ですが、ハラハラすることも多い日々です。

実際の活動のイメージは、NPO法人ネモネットのX（旧Twitter）やホームページやfacebookからもご覧いただけます。ご覧いただければわかるように、遊びが中心、自分一人だったり、小さなグループをつくって銘々がやりたいことをして過ごしています。

勉強の時間も一切作っておらず、もし、スタッフに教わりたい、一緒にやりたいという事があれば、他のメンバーから誘われている遊びと同じように順番待ちをしてもらってつき合います。フリースクールとは時間を分けて学習サポートも行っていますが、そちらの利用率もあまり高くはありません。高校受験が近づいてきたら利用して、高校入学後もわからないところは時々聞きにくる、そんな形で利用する人がやや多いです。

さて、ここまでは自身の不登校から数えて三〇年以上、少しずつ考えを積み重ねてきて、これからも大切にしていきたい物でしたが、ここから先は最近の状況と悩みについて、皆様に話題提供もしながら、一緒に考え、学んでいきたいという内容です。

まずは「自由」の意味について、言葉で説明したくなってしまうという事。フリースクールネモはパッと見ると「遊んでばかり」ですが「自由な空間で過ごしていると、自分がどんなことが好きかを知ることができます、それから自分がどんなことが嫌いかも知ることができます。好きなこと、嫌いなことがわかれば、そこから『どんな風に今を過ごしたいか』長じて『どんな風に生きていきたいか』を考えることができる。そうすると、自分の望みをかなえるためにどんなことが必要かを知る、考えることができるようになりますよ」と。

好きなことを仕事にする、なんていうとちょっと胡散臭《うさん》いですが、好きなことを続けていくために働くとか。逆に嫌いなこと、苦手なことを避けるところから考えていくのも、「自分のことを知り、それをもとに将来を考える」という立派なやり方です。もし「お金のために働く」という事がどうにもなじまなかったり、苦手だったりしたら福祉の制度を使うことを考えてもいい。使える制度があるのか探したり、制度面・運用面で不充分なところの改善をうったえたり、そんな苦労もあるかもしれないけれど、それも含めて当然の権利なんだから堂々と使っていいんです。そんな風に自分の頭で考え、決めて行くことができるのが「自由を学ぶ」という事ですと、あらかじめ説明しておきたくなってしまう。

そんな説明をしたくなってしまう背景には、自分自身が「一若手スタッフ」から運営・経営を考える側にと立場が変わってきたという事もありますが、何よりフリースクールに通ってくるメンバーの変化があるのではないかと感じています。

二〇代の頃、都内のフリースクールで働いていた時代は、一〇代の後半がメンバーの中心でした。中学卒業以後、高校に在籍していない一五〜二〇歳くらいのメンバーが一番多い年齢層で、次いで二〇代前半や中学生のメンバーが同数くらい、小学生はほとんどいないような状況。フリースクールの数もまだまだ少なかったから、電車に乗って三〇分ぐらいかけて通ってくるのは当たり前。年齢の若い人にとってはそれだけの距離を毎日通ってくるのはなかなかハードルが高かったと思います。また、年齢が高めのメンバー達も、フリースクールを見つけるまでも自分一人で思い悩んで、しかも、今よりもよりはっきりと示される社会からのプレッシャー、否定のメッセージにさらされながらきたメンバーが多かったので、わざわざ言葉にして説明しなくても自然と将来の事を考えている様子が見て取れる。進路についても就労や大学進学などの定まった道筋がなかったので、様々な道がある意味では見えやすい状況でもありました。

ところが、二〇一二〜二〇一三年頃だったでしょうか。私立通信制高校が不登校経験者の受け入れ先として大々的に取り上げられ、存在感を増していきました。それに伴い、フリースクールに通ってくるメンバーもそれまでの「義務教育の内は学校に籍があるけど、卒業後は宙ぶらりんになってしまう（なってしまった）」という状況の人よりは「通信制高校に進学するまでの間」という漠然としたイメージを持ってくる小・中学生が増えてきました。

メンバーの年齢層はもちろんですが「（何となくだけど）高校進学はするつもり」という意識と、もう少し先の「生き方」について一緒に考えたいという私の意識の中に若干の乖離がある。もちろん、メンバー自身が進学を希望している場合には受験勉強や面接の練習も手伝いますが、あらかじめそれを想定してフリースクールの活動を変えてしまうと、学校に行かなくても大丈夫と思えることが第一、どんな道でも応援できる場ではなくなってしまう。そんな事が当面の課題になっています。

同時に、教育機会確保法の存在ももちろん大きいですね。法律には「義務教育段階の」という枕詞がついていて、これがフリースクールのイメージや、今検討されている公的支援策にも少なからず影響を与えています。今ここにいらしている皆さんの中にも「フリースクールは小、中学生の子たちが行く場所」というイメージを持っておられる方もおられるかと思いますが。中学卒業後も、二〇代になっても、高校や大学に籍がある、ないに関わらず、「何で自分は学校行けなかったんだろう」「これから先、どうやって生きていこう」という事を安心して考えられる場所にしていきたいと考えています。いわゆる「一般的な進学・就職」っていうルートは選ばなくとも、そんな事を考えている仲間がいて、安心して話せる場があればいい。スタッフも一緒にそれを考えるけれど、それよりも環境を整えることが優先です。かつては通ってくるメンバーとの年齢も近く、「世間の無理解という敵」もはっきり見えていたので、自信をもってそれをやれていた気がします。

もちろん、今フリースクールに通ってきているメンバーや、不登校をしている人たちも世間の無理解にさらされて苦しんでいることに変わりはありません。六歳の人は六歳の人なりに、一五歳の人は一五歳の人なりに、その中間の年齢の人も、もっと年齢を重ねた人も、みんな自分の過去や将来を真剣に思い悩み、そして不安にも思っているのですから、それも忘れず、メンバー達を信頼しながらやっていけているのか。そして、彼らが悩んでいることや考えていることをどうキャッチして、ご家族にも伝えながら一緒に活動していくのか、自問自答の日々です。

それから、今日お話しした内容は「私どもの現場では小学生のメンバーが増えている」「メン

不登校の人数の変化

	2008年	2013年	2018年	2023年	直近5年の変化
小学生	22,652人	24,175人	44,841人	130,370人	+85,529人
中学生	104,153人	95,422人	119,687人	216,112人	+96,425人
高校生	53,024人	55,655人	52,723人	68,770人	+16,037人

小学生の不登校は直近の5年で2.91倍に
（中学生1.81倍、高校生1.3倍）

高校生は、通信制や単位制高校や中途退学などもあり
単純比較はできず…

【不登校の人数の変化（五年刻み）】

出所）文部科学省：児童生徒の問題行動・不登校等生徒指導上の諸課題に関する調査より（令和５年度）

バーの年齢層が全体的に下がってきている」という状況に基づいた内容でした。「不登校の低年齢化」とか「小学生の不登校（の増加）」というようなニュース、情報にはいろいろな所で接しておられると思いますが、その点について少し補足をいたします。

ご覧いただいているのは、不登校の人の人数の変化です。しかも、二〇〇八年から二〇二三年までの一五年のみを抜き出しています。さきほど森田（次朗）さんは長期欠席全体の数字を出してくださいましたが、本来であれば私もそちらを見るべきと考えていますが、数字のもつインパクトを示したくて、こういった資料を提示しました。

グラフで見ると、上段の中学生の人数と下段よりスタートする小学生の人数、大体おんなじようなカーブを描いていますね。二〇〇八年時点では中学生一一万人弱、小学生は二万二、〇〇〇人で、中学生の方が圧倒的に多く、注目もされていまし

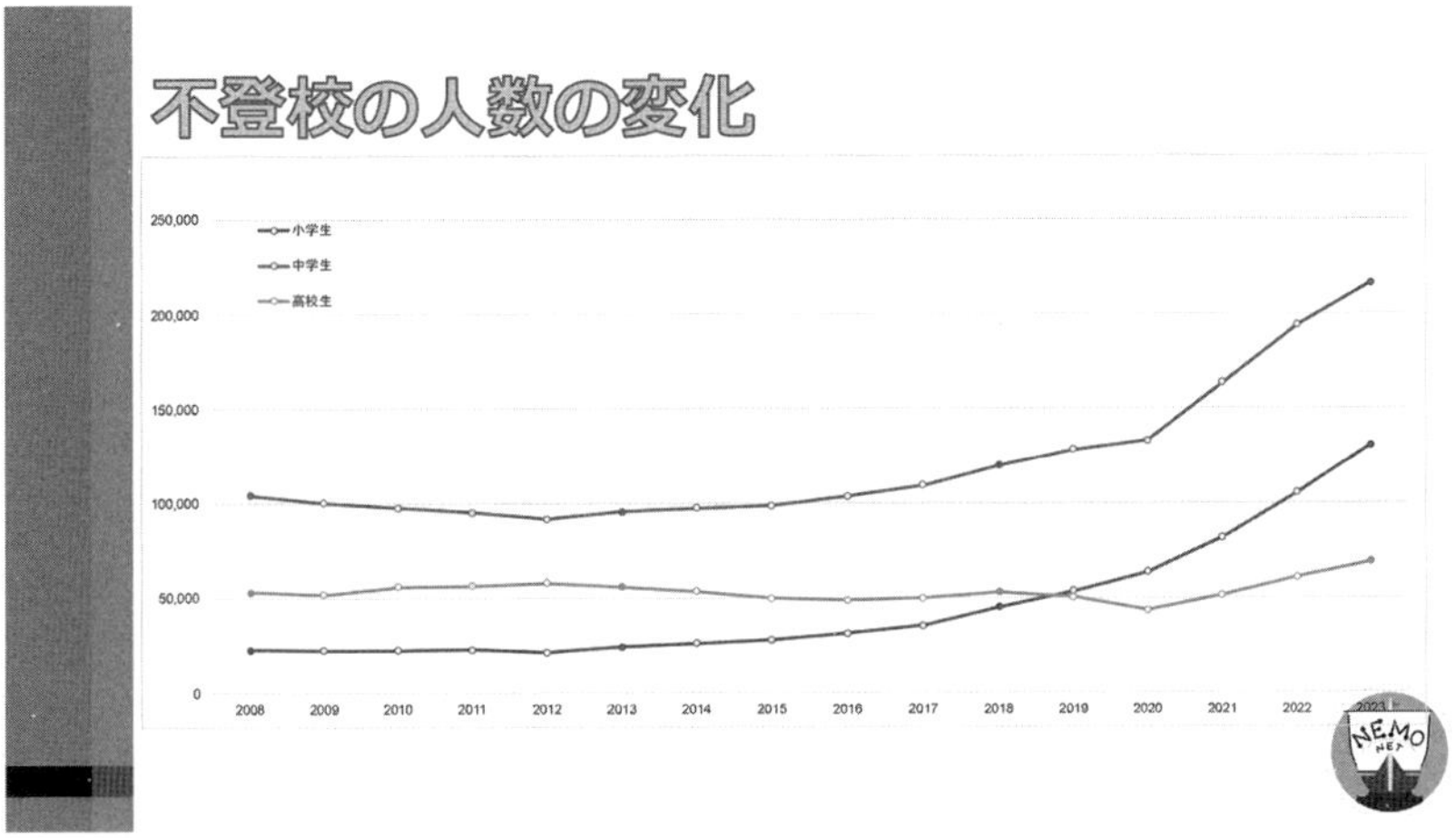

【不登校の人数の変化（グラフ）】
出所）文部科学省：児童生徒の問題行動・不登校等生徒指導上の諸課題に関する調査より（令和５年度）

た。それが、直近五年間の変化では、小学生が八万五、〇〇〇人、中学生が九万六、〇〇〇人増。増加率でみると、小学生の不登校は二・九一倍、中学生は一・八倍、小学生の不登校は五年間で約三倍というインパクトがあまりに強く、数の上では中学生の方がまだ多いのですが、こういった場では小学生の不登校がどうしても話題の中心になってしまうという状況があります。

　また、高校生の人数も出てはおりますが、中卒以降の学びや育ちの保障を「不登校」の人数のみを見て語る事にも大きな危険があります。中学卒業後に高校に進学しなかった、できなかった人、中途退学の人、通信制高校でレポートの提出ができずに困っているが不登校とカウントされていない人もいるでしょう。ですから、もしこれから皆さんが不登校について学びたい、考えたいと思ったり、教育に関わるお仕事や活動をなさるのであれば、こういったグラフだけを見て一喜一憂したり、小学生の不登校の急増だけが課題だと思ってしまったり、そのような言説に流される事なく広い視野をもっていただきたいなと思います。

最後に、今はこれだけ不登校の人数が増えていて、教員の多忙化とか家庭の状況の変化とか、いろいろな原因らしきものがあげられている。もちろん、教員の労働環境の改善は必要でしょうし、（学齢期の）子どもがいる・いないに関わらず「普通の生活」と言われるものがもう少し余裕のある物であってほしいというのは私自身の願いでもあります。また、学校の中身自体も変えていく必要があるという事も様々なところで言われていて、それも当然やって行かないといけない。

だけど、そうやって学校のカリキュラムがもっと楽しいものになって、教員にも余裕があって、家庭も子どもの学校生活を充分にサポートできるような社会ができていったとしても、すべての子どもが学校に喜んで通うとは思えませんし、そうすべきとも私は考えていません。

みんなと同じようにはできないという気持ちは、多かれ少なかれ誰もが持つ感情でしょうし、そういった気持ちが強くて実際に学校に行かない・いけないという人はどんな時代でも一定数いると思います。

そんな時のためにも、子どもたちの学びや育ち、教育の保障って何のためにあるのか。その根本は忘れずにいたいなと思います。今、こんなスピードで不登校の子どもが増えていて、焦ってしまう気持ちは私も理解できます。表面上でもいいから手を付けられるところから改善していくという事にも反対はしませんけど。じゃあ、何のために改善するのか、豊かで安全な国づくりのためなのか、教育の権利の保障のためなのか。そして、そもそも「教育の権利の保障」って何のためにするのか。

そういった事を考え続けるという事は、今目の前で起きている「不登校の激増」という課題が、学校の問題なのか、もう少し広い教育制度の在り方なのか、それとも「いい学校を卒業して、いい会社に就職する」という定型化イメージが強すぎて、かえって人の生き方を窮屈にしてしまっているせいではないかとか、そんな課題を考えていくことにもつながるし。そんな事を考え、語り合う事は、立場やよって立つ制度が違う者同士でもできるのではないかと思います。そして、それが事前の打ち合わせで話題になったものの、今日の中身には入れることができなかった「大学での不登校」と向き合う上でも役に立つのではないかと思います。

なんともまとまりませんが、今日をきっかけに皆様とともに考えていきたいという事で、本日のお話しは示させていただきたいと思います。本日はありがとうございました。

指定討論　子ども・若者の「居場所」と「学校」

早稲田大学　阿比留　久美

森田さん、松島さんのお話を受け、私からは、子ども・若者の『居場所』と『学校』」というテーマで考えていきたいと思います。

一．フリースクール・フリースペースのもつ特徴

フリースクール、フリースペースのもつ特徴を、松島さんのご報告のもとに考えてみると、一点目に仲間がいて助けてくれる存在がいるということ、二点目に自分でやるかやらないかを決められる―やりたいことをやっていい、途中でやめてもいい、嫌なことは断っていいということ、三点目に自分たちで活動をつくるという、三つの特徴があるかと思います。

一点目の仲間がいるということは、他者を競争相手ではなく仲間として捉え、非競争主義的な「自己と他者との共同の営み」（齋藤　二〇一三：一六六）を積み重ねることと、大人が子どもに指示・指導してくる存在ではなく、パートナーとして存在し得るということを意味しています。二点目の自分でやるかやらないかを決めるというのは、主体的に生きるということを考える上で示唆深いです。シティズンシップ教育や参加論の文脈では、主体的に行動するということが「す

る」ことに焦点を当てて語られる傾向がありますが、「する」ことだけでなく「しない」ことも含めて自分で決められることが大事でしょう。三点目の自分たちで活動をつくるということは、例としては、あらかじめ決められたプログラムはミーティングのみ、ルール・活動の予定はミーティングでつくるといったことがあげられ、その場が自治的な場であることを示しています。

二点目と三点目は、autonomy という観点から見た時に、連続的なものであるといえます。私は、二〇二三年度の特別研究期間中、スコットランドでコミュニティーベースのユースワークを研究していました。ある日、私が Ian Fyfe 先生（エジンバラ大学）に、ユースワークにおいて若者を独立した、自律的な個人として捉えようとしている点について、independent という単語を使って話した時に、Ian 先生から「久美、それは independent ではなく、autonomy なんだよ。」と訂正されました。それで autonomy という単語について考える機会を得たのですが、この言葉を通じて考えると、だいぶユースワークの価値や子ども・若者が活動していくことの価値が捉えやすくなります。autonomy は日本語で訳すと自律とも自治とも訳すことができます。自分でなにをどのように行動するかを決めていくという点で、自律と自治は、それを個人的に行うのか集団的に行うのかという違いはありつつも、共通しています。

ユースワークの価値を示すマニフェストとして、イングランドで活動してきたＩＤＹＷ（In Defence od Youth Work）による「ユースワークの基礎」（平塚　二〇二三：三四―三八）や、スコットランドの「ユースワークの本質と目的についての声明」（Youthlink Scotland 2024）があります。前者では、「①子ども・若者が、誰でも自分の意思で参加できる、開かれた場で行われる活動であること、②子ども・若者自身の興味や関心から始まる、インフォーマルな教育の機会・活動であること、③若者たちの「将来」に関心を向けるとともに、「今、ここ」にいる価値を大切にし、注意を払うこと、④若者たちの仲間関係やアイデンティティを広く共有しながら活動し、それぞれの人生選択や未来の可能性にとって重要なものを互いに理解しあうこと、⑤若者たち同士あるいは若者と大人との間に、互いへの敬意や信頼できる関係性をつくっていくこと」（平塚 二〇二三）が掲げられており、後者では「①若者が参加するかしないかを選ぶ、②ユースワークは若者のいるところから始まる、③若者とユースワーカーは学習プロセスのパートナーである」（Youthlink Scotland 2024）ということが示されています。

松島さんのお話をうかがっていて、子ども・若者の「いま・ここ」を大切にしながら、大人と子ども・若者との関係を指導や教育をする―される関係ではなく、一緒に学びをつくっていくプロセスのパートナーとして考えていく姿勢をもつという点で、フリースクール・フリースペースのような場所はユースワークの価値を体現している場だと感じました。ユースワークは、学校内でも活動はするものの、基本的に学校外で若者主体の活動をしています。そういう点でフリースクール・フリースペースとユースワークとは重なる部分が大きく、ユースワークで大事にされているautonomy―自律、自治―の価値は、フリースクール・フリースペースでも大切にされているといえるでしょう。

二．不登校の増加、不登校対策の強化

一九八〇年代以降不登校への対応は民間主導で展開していきましたが、二〇一二年度以降の不登校の増加傾向や、二〇一六年の教育機会確保法の施行を受け、近年公的な不登校対策も強化されていっています。

不登校に対してどういう対策がとられているかというと、例えば「誰一人取り残されない学びの保障に向けた不登校対策（ＣＯＣＯＬＯプラン）」（二〇二三年）では、一人ひとりのニーズに応じた多様な学びの場を確保する、という文脈の中で、学びの多様化学校（不登校特例校）や校内・校外教育支援センターなど様々な不登校支援が示されています。また、「心の小さなＳＯＳを見逃さず『チーム学校』で支援する」とも書かれていますが、そこでは子どもたちが不登校になっていく背景に対する関係論的な文脈に目が向けられておらず、その姿勢は基本的には課題対応的であり、個人対応的なものとなっています。

これらの施策は、一条校での学びを必ずしも強制しないという点では脱制度化を進めるもののように見えますが、同時に複数の経路を準備しながらも最終的には子どもが学校に戻り、既存の学校制度に回収され、再制度化されることを目指したものでもあります。山田哲也さんの『不登校トラック』の複線化による脱制度化と再制度化」（山田　二〇一〇）が端的に表れているといえるでしょう。

しかも、森田さんが指摘しているとおり、学校が認識している不登校の原因と家庭や子どもの側が認識している不登校の原因の間にはかなりギャップがあります。学校側は不登校の原因をや

る気のなさや不安・抑うつ、生活リズムの不調だと捉えているのに対し、子ども側は不登校の原因として、体調の問題とともに、授業のわからなさ、友人関係、学校に行く意義への疑問、教師との関係を高い割合であげています。たとえば、不登校の理由で教師との関係を挙げている割合は学校側から見ると五％にも満たないのですが、子どもの側からみると約四〇％、学業不振は前者では約一五％、後者では約五〇％もいます（文部科学省　二〇二三、日本財団　二〇一八）。このように学校と子どもの間の認識のギャップが大きい状況で、子どもにとって適当な対応が本当になされうるのかは疑問です。

三．不登校対策の特徴

このように、現在では、国を筆頭としながら不登校対策が強化され、様々な制度がつくられているのですが、その基本的な特徴としては、①基本的な「学校の価値観」の不変性と拡張、②個人の病理化と「課題」対応モデル、という点が指摘できます。

①　基本的な「学校の価値観」の不変性と拡張

学びの多様化学校（不登校特例校）や校内・校外教育支援センターといった「不登校トラック」をつくることによって、不登校の子どもを既存の学校の周辺部に包摂することは、結果的には既存の学校自体は変わらず、不登校の子どもが既存の学校から排除されたままになることを正当化する機能を果たします。皮肉なことに、学校の教室の外にオルタナティブな場を整備することが、既存の仕組みの温存に寄与してしまい、異なる価値で学んだり生きたりしていきたいという「別様性」（吉田　二〇二三）が学校文化の中では成立しないままとなってしまうのです。

教育機会確保法が施行され、フリースクール・フリースペースへの公的支援が一部の自治体では始まっています。そこでは、不登校の子どもが欠席中に行った学習成果の評価やサポートプランの作成がすすめられることで、フリースクール・フリースペース側とそこに通う家庭の側の双方が補助を受けられるようになったりしています。公的助成がなされることで不登校の子どもの学習権が守られやすくなり、フリースクール・フリースペースの経営基盤が安定する一方、それとバーターで学びの場が「支援」の場へと回収されていったり、既存の学校的価値をベースとした成果管理が行われるようになる危険性をどのように捉えていくかは、今後の課題となってくるところです。

②　個人の病理化と「課題」対応モデル

「COCOLOプラン」で掲げられているような、一人一台端末を通じた子どもの状態の把握や「チーム学校」による迅速な「支援」は、不登校リスクをもつ個人を病理化して「対応」をしていくというモデルです。さらにいえば、統計的には、発達障害や貧困家庭（ひとり親含む）、外国籍といった子どもに不登校が多く見られ、その子どもたちがもっている背景は不登校の「原因」や「問題」として捉えられがちです。しかし、なぜその子たちが学校に来れていないのかを考える際に、その子たちを排除するような学校のメカニズムが働いているのではないかという見も必要になってきます。問題を個人化するだけでなく、そのような状態を導く学校とはどのような場所なのか、学校自体を問い直していくことも欠かせません。それがなされずに、子どもの方みが問題化されることこそが問題なのではないでしょうか。

四．フリースクール・フリースペースからみる学び・育つ場の方向性

先ほど松島さんが話してくださったように、フリースクールやフリースペースのもつ教育的意味があえて説明されずとも共有できていることはとても大切なことです。それでもあえてその意味を考え、方向性を示すとするならば、それは「個人」の課題に対応していくやり方ではなく、関係論モデルで物事を捉え、みんながいられる場をみんなでつくっていくということがあげられます。

既存の学校システムに適合的でない子どもがいるならば、その子どもに問題や課題を見出すのではなく、その子どもはどういう環境・関係のもとであれば学校にいて、学ぶことができるようになるのかを考えることが大事でしょうし、既存のシステムに適応させ再制度化にのらせることの前に、一人ひとりの子どもの学習権や社会権をきちんと保障していくことが大事なのではないでしょうか。

基本的には、スコットランドのユースワークの中では常に子どもの権利条約が位置づけられていて、権利ベースの営みとしてユースワークは行われています。子ども・若者が学校内外で学び育っていくことについて、もっと権利ベースで考えていく必要があるでしょう。

五．「ないもの」とされる人がノイズをあげる方法

社会的に不利な条件をもった子どもに不登校が多く表れやすいうえに、不登校の子どもは学校の中で不可視化された存在になりがちですが、不可視化され、「ないもの」にされがちな存在が、不可視化されたままであるのは理不尽なことです。そのため、成功してもしなくてもノイズを立てていくことによって、様々な人や意見が存在していることを可視化していく抵抗の試みはとても大切だと私は考えます。

そのための方策としては、私は、①安心できる居場所の仲間と一緒にことあげをしていく居場所モデルと、②多様な声がそのまま存在できる場をつくっていくコモンズモデルの両方があるといいと考えています。

居場所モデルは、自分が安心感をもてる居場所を拠点にしながら、仲間と話し合って、自分たちで決めた事柄について声をあげていくやり方で、autonomy―自治、自律―を実現する参加的方法です。ここでの居場所は、「具体的な他者の生／生命―とくにその不安や困難―に対する関心／配慮を媒体とするある程度持続的な関係性」である親密圏ともいえるもので（齋藤　二〇〇三：二一三）、居場所（≠親密圏）での共通感覚や共通言語を練りあげてことあげをしていくことを通じて「下位の対抗的な公共性」（フレイザー　一九九九：一三八）をつくり、それによって社会をずらしていったり変えていくのです。現在では、フリースクール・フリースペースに通う際に通学定期券が使えますが、これはフリースクールに通う子どもたちによる運動から実現されていったことですし、教育機会確保法も―内容や成立プロセスには諸々な意見がありますが―現場

からのことあげで実現していきました。

しかし、ノイズを立てる方法として、居場所モデルしか存在せず、マイノリティがことあげするためには必ず仲間が必要だとなると、マイノリティの凝集性を高めるベクトルが強く働きすぎますし、社会のあり方としては排除的です。そのため、マイノリティといわれる人も、マジョリティといわれる人も、様々な立場や意見をもっている人たちが、他者と協働しながら共に生きていくことができるような、そういう水平的・協同的なみんなの場—コモンズ—があるとよいでしょう（斎藤・松本 二〇二四）。吉田敦彦さんが「〈縁側〉をもつ応答的生成的包摂モデル」を提案していますが、内部と外部の間に縁側のようなバッファーのような領域があり、そこでいろんな意見が交わっていき、内部が変わっていくことができると、様々な人それぞれが息がしやすく、共に居ることができる場が広がっていくでしょう。

安心できる親密圏としての居場所と、親密圏に閉じられない、多様なものが異なったままに存在できるコモンズの両方からノイズをあげていけるといいのではないかと考えています。

【参考文献】
斎藤幸平・松本卓也編（二〇二三）『コモンの「自治」論』集英社
齋藤純一（二〇〇三）「親密圏と安全性の政治」齋藤純一編『親密圏のポリティクス』
齋藤尚志（二〇一三）「学校依存から拓かれる」桜井智恵子・広瀬義徳編『揺らぐ主体／問われる社会』インパクト出版会、一五四—一六八
日本財団（二〇一八）「不登校傾向にある子どもの実態調査」（https://www.nippon-foundation.or.jp/

wp-content/uploads/2019/01/new_inf_20181212_01.pdf)（二〇二四年一二月二五日閲覧）

平塚眞樹（二〇二三）「ユースワークとしての若者支援」平塚眞樹編『ユースワークとしての若者支援』大月書店、二六—四八

フレイザー，ナンシー（一九九九）「公共圏の再考——既存の民主主義のために」クレイグ・キャルホーン編『ハーバーマスと公共圏』（山本啓、新田滋訳）、未来社、一一七—一五九

文部科学省二〇二三「児童生徒の問題行動等生徒指導上の諸問題に関する調査」平塚眞樹「ユースワークとしての若者支援」平塚眞樹編『ユースワークとしての若者支援』大月書店、三四—三八

山田哲也（二〇一〇）「学校に行くことの意味を問い直す——「不登校」という現象」若槻健・西田芳正『教育社会学への招待』大阪大学出版会、七七—九五

吉田敦彦（二〇二三）「別様な市民が創るオルタナティブな学び場の公共性」佐久間亜紀・石井英真・丸山英樹・青木栄一・仁平典宏・濱中淳子・下司晶編『教育学年報一四　公教育を問い直す』世織書房、二九—五六

Youthlink Scotland (2024) "What is Youth Work?" (https://www.youthlink.scot/what-is-youth-work/)（二〇二四年一二月二五日閲覧）

座談会

森田 次朗
松島 裕之
阿比留久美
三尾 忠男

松島：まず、「フリースクールに来ることができない子どもの人間関係や、人間関係に不信があるひきこもっている子どもなどの支援はどうすればいいか」というご質問をいただきました。これは人間関係への不信感にかぎらず、不登校だからといって、みんながフリースクールに行くのがよいわけではないというのは、強くお伝えしておきたいと思います。みんなで何かをやるより、自分一人でやったほうがいいと思う人もいますし、どこか特定の場所に通うよりもいろんな場所に関わって過ごしていきたいという子もいます。ネモネットでは、不登校の親の会をとても大事にしています。子どもの一番近くにいる親御さんが安心できたり、子どもが「こういうふうにしたい」と思った時に、それを実現していくための情報提供ができたりとか、そういうつながりを一緒につくることが非常に重要だと思っていまして、まずはそういったところが一番分かりやすいお答えになるかなと思います。

次にご質問いただいているのが、「自分が選んだという感覚をもってもらうために何をすべきか」というものですが、これはすごく難しいことです。自分が選んだという感覚は、周りから与えることはほぼ不可能でしょう。ただ、子どもが自分で選んだと思えるよう、子どもを操作するのではなく、子ども自身が自由に生きる環境を整えることが周囲の大人にできる最大限のことかなと思います。

その先に、阿比留さんのお話の中にもあった自由と自治というものが実現していくのではないでしょうか。自分の生き方が見えてきて、その場に対して自治の感覚をもち、みんなと一緒にこの場をつくりながら自分のやりたいことをするんだという感覚をもってもらうことが大事なのですが、それはなかなか難しいところで、私自身もどうやっていったらいいか、まだまだ勉強中です。

阿比留：ご質問というかご意見で、「社会全体の根幹に民主主義、市民的責任が想定されていないとすべての議論が成り立たないのではないか」という問いかけをいただきました。その点については、まさにそのとおりで、社会の中で自治とか自律—autonomy—の感覚が共有されていない中で、一個一個手探りで積み重ねていくしかないなというのが正直なところです。話し合って自分たちで決めていくことをしていいし、できるのだという経験を積み重ねて、はじめて民主主義や自治の感覚が身に付いていくと思うので、そのような経験ができるよう大学でも挑戦していますが、学生が自分の意見をいったり、思いを共有すること自体が、だいぶハードルが高いということを感じています。

だからこそ、民主主義的価値を学校で実現できるとよいでしょうし、そのためには学校の管理性がゆるむとよいだろうと思います。先生の民主主義がないところに、生徒の民主主義も成立しないでしょうから、先生の自由度や自治性がもう少し高いといいだろうという気がします。

また、「『いま・ここ』での価値に重きを置くことが大事だと思ったけれども、いわゆるキャリア教育が学校の低年齢のうちから広がっていることについてはどう考えるのか」というご質問をいただきました。その点については、吉田敦彦さんのおっしゃる「〈縁側〉をもつ応答的生成的包摂モデル」で少し改善できるような気がします。学校と家庭以外の世界を知らない状態でキャリアなんて考えようがないにもかかわらず、現代のキャリア教育はそういう中で行われている実態があるように思います。学校と家庭以外の縁側、外縁を広げていく延長線上で将来のキャリアも考えていけるとよいのではないでしょうか。例えば高校内カフェやフューチャーセンターなど、学校の中に地域の人が来られるような実践が実際に行われているので、そのようなかたちで座学や職業体験を超え、より日常的に大人になるということについて触れる機会を学校の縁側で経験できるとよいと思います。

森田：二ついただいたご質問に答えたいと思います。一つは、「権利基盤の議論が、本当に、子ども本人のウェルビーイングや幸福を実現することにつながるのか」というものです。これは非常に重要なご質問で、形式的に法律がつくられることで、政府がそれ以上、その課題に取り組まなくても免責されてしまうことを懸念されているのだと思います。この懸念を解消するためには、法的な権利、つまり、国家が認めたものだけを権利と見なすのではなく、子ども自身のニーズや感覚に寄り添いながら、法律を構想していけるとよいと考えています。先ほど、自治というお話が阿比留さんからありましたが、コミュニティーや周りのみんなから付与されるような権利もあり得ると思います。

もう一つは、「フリースクールはなぜスクールというのだろうか」というものです。フリースペースと自称する施設も、実質的には同じような活動をしていますが、戦略的にフリースクールと名乗ることで、ネット上で見つけられやすくなったり、保護者や子どもがアクセスしやすくなるようです。もともと欧米のフリースクール運動は、日本でいう私立学校に近いような形態をモデルとすることが多く、特に日本の一九八〇~九〇年代には、そういったものをモデルとして活動が展開されていた面があります。そのような経緯で、スペースとか居場所という言葉のほうが実態としては近いけれども、フリースクールという言葉をあえて使っている団体も多いかと思います。

松島：私どものフリースクールネモも、かなり長いことフリースペースネモという名前でやっていました。それこそ教育機会確保法制定の際にフリースクールについての取材を受けた時には、記事にフリースクールと書かれ「いや、うちはスクールじゃなくてスペースなんです」と抵抗をしていた時期もありました。ですが、近所にレンタル倉庫とかがいっぱいできて、そこがフリースペースと名乗っているため、それらと混同されてしまい、必要としている方に情報が届かないため、フリースクールネモに名前を変えたという経緯があります。ただ、場所が市川市と習志野市に2カ所あり、市川教室や市川校みたいにいわれてしまうことは多いのですが、そこは市川スペースでお願いしますといってささやかな抵抗は続けています。私どもは学校ですごく傷ついて、学校から離れたいと感じた子たちが安心できる居場所をまずはつくりたいということで、スクールという言葉をなるべく使わないようにしてきました。ただ、それぞれの団体ごとにこだわりや理由があると思いますので、これはフリースクールを代表する意見ではないということは申し添えておきたいと思います。

三尾：ありがとうございました。大学陣の立場としまして、大学ができることがないか、それぞれのお立場からアドバイスをもらえればと思っています。私は学部の教職課程の主任をやっているのですが、学部生たちを見ていると、不登校の状況を身近に感じていない学生が結構多く、そういった学生が教員免許を取得して学校現場に立った時に驚くということを何度か聞いています。一方で、大学は、様々な年齢や人種の方が学ぶ非常にフリーな学びの場でもあるので、そういった空間をぜひご利用いただきたいなという気もしますし、色々な研究者もいますので、大学が何か一緒にやっていけることについてご意見とかアドバイスをいただけますでしょうか。

森田：僕も大学で教職課程の科目を担当している立場から、二つ申し上げたいと思います。第一に、本日、僕は主に小学校・中学校の義務教育段階に絞って話しましたが、日本の場合、高校・大学となると義務教育から外れるので、長期欠席が退学につながりえます。先ほど関係論という観点から申し上げました。特に大学の場合、学生支援のセクションがあるかと思うので、そういった支援セクションの目が学校に行かなくなる状況や事情に向くと、学生への対応も変わってくるのかなと思います。

もう一つ、教職課程の観点からいうと、僕が担当する学生の中にも、不登校などの子どもとこれまで出会ったことがない学生がいます。そこで、僕は自分のゼミの学生たちと一緒にフリースクールに見学に行ったり、愛知県には、海外にルーツのあるお子さんを対象とした日本語教室なども多数ありますので、そういったところを一緒に見学したりしています。教員養成に、そういった不登校なり、様々な背景を抱えているお子さんがいるということを、より一層強調して盛り込んでいく視点も大事だと思います。

阿比留：私の本来の専門は社会教育ですが、社会教育・生涯学習の視点から考えると、エクステンションセンターのように、一条校としての学びではない、学位は得られないけれども、誰でも知りたいことを学ぶことができる場としての大学というのは非常に重要だと思います。専門性をもって多様な学びの機会を提供し得るのが大学ですので、それをまだ届いていない方たちに届けていくことがすごく大切なのではないでしょうか。

また、不登校・高校中退などの経験をした人たちにとっては、大学入学がそれらの経歴を上書きする経験になっている側面があることを感じています。私は、居場所論を研究しているからか、学生から不登校や中退経験、定時制・通信制高校出身というようなカミングアウトを受けることは比較的多いです。そこで、彼らにとっては、大学進学が、自分の過去を上書きして普通のルートに戻るチャンスとして機能していることを感じます。

ですが、ゼミや少人数の授業で、普段は話されない、そういった個人的な経験がぽろぽろと話され、その一人の発言を呼び水にして他の学生もこれまで話していなかった経験を話し出すことがあります。不登校や中退といった「ふつう」のルートから外れたことを隠さないでいいような経験を大学でできると、卒業後もまっすぐには進まない自分の状態を人生の長いプロセスのひとつとしてとらえ、自分に対してジャッジメンタルにならずにいやすくなるのではないかと思うので、そんな経験を学生が大学という場でできたらいいのかなという気がします。

松島：私どもの現場では、大学生のボランティアがたくさん来てくださっていて、すごくありがたいことだと思っています。おそらく今、学生の皆さんなんかは小中学校のどこかで友達が不登校になっていたとか、ご自身が不登校を経験していたというのは、決して珍しいことではないと思います。ただ、それがなかなか見えてこないというのは確かにあり、隠したい過去みたいになる面はありそうです。

私は、今日は自身の不登校経験をお話しましたし、若い頃にも不登校の子をもつ親の方に自分の不登校経験を話すことが結構ありました。私が自分の経験を話すことで、安心感にはつながったり、実態を知る手がかりになったかとは思います。でも私だけでなく、大学の中にも不登校にまつわる経験をした人がいると思うんで。それがなかなか表に出てきづらい現状があるとしたら、不登校が問題として捉えられていて、不登校や学校がいやだということが問題だと見なされる世の中だからでしょう。例えば、野球とサッカーのどちらのほうが好きかというレベルで、学校が楽しい人もいれば嫌な人もいることが当たり前になり、もう少し自由に話し合えるようになるといいなと思います。世の中にはいろんな人がいるという前提の中に、学校がしんどいと思っていたとか、集団生活がどうもなじまないと思っている人もいるということが受け入れられていくと、不登校の子たちも、小中学校は嫌だったけど大学は行こうかなって思えたりする人も増えていき、いろいろな選択肢を選びやすくなるのではないでしょうか。

三尾：今、松島さんがお話しした中で関連する質問があったので、これだけお答えいただけますか。

松島：「学校に行かないと就職できない、結婚できないという呪縛から逃れ、あなたはあなたのままでいいという大前提に立った不登校支援策が現在行われていると思いますか」というご質問ですが、私はそれを目指してやっていますし、そうしていこうという仲間は徐々に増えていっているとは思います。ただ、それが世の中の標準になり、誰でもそういったつながりにアクセスできる状況にはまだまだなれていないのが実情です。

今、起立性調節障害を不登校の理由とする考え方がよく見られます。これは、多分世の中では学校に行っていないことが異常であって怠けであると捉えられているために、病気だから学校に行けないという理由がないと、学校を休むことを親子共に受容しづらいということがあるように思います。起立性調節障害のような病気を不登校の理由にすることが、保護者さんや子どもの安心感につながる一方で、その背景にあるかもしれない学校へのストレスや違和感から目をそらすことにもつながっているように思います。しかし、そこを直視することで「自分は学校に適応できない駄目な人間だ」と不登校の子が自分を追い詰めてしまうことにもつながるので、軽々にはそういうことがいえないという状況がずっと繰り返されています。それを変えるために、やっぱり「あなたはあなたのままでいいんですよ」と伝えていくことがまだまだ必要だなと考えています。

三尾：ありがとうございます。残りの時間はパネリストの間で何かテーマ決めて話していただいたり、双方の発表にご意見を出していただければと思います。よろしくお願いいたします。

森田：ありがとうございます。時間も限られるので、僕から口火を切らせていただきます。

松島さんは、フリースクールに初めて来た子どもに対して、①やりたいことをやる、②何もしない時間も大切、③失敗してもいい、④嫌なことは断っていい、⑤途中でもやめてもいい、という五点を伝えるとおっしゃっていました。どういうプロセスでこの境地に至り、このような価値観やノウハウを身につけられたのかをうかがいたいです。というのは、公教育が変化しつつあるといっても、学校では何かをやっていないと評価されないので、たとえ先生や大人がいいといっても、子どもがこの五つの選択をするには勇気が必要で、子どもがこの選択をできるかどうかは大人が試されることでもあるように思います。そのため、この哲学というか、理念に到達されたプロセスをうかがいたいです。

松島：この言葉の根本的な意図としては、ネモネットが設立された二〇〇四年頃はまだフリースクールがそこまで広がっておらず、規模が大きく華々しい活動をしているフリースクールが大きく取り上げられる傾向がありました。私自身も不登校になって二〜三カ月で一度そんな大きなフリースクールに連れていかれたのですが、その時にこんなに元気のいい人たちとは一緒にやれないなと思った経験があるんです。それはその人たちが良くないとかそういうことではなくて、学校につらい中行き続けて疲れてしまっている状況にある時には、フリースクールに行って、夢を見つけてきらきら輝いていくみたいなイメージは描けなかったのです。

フリースクールをめぐる言説の中には「学校に行っていなくても、こんなに成功しています」

というようなものがありますが、そういう価値観に対抗したいという思いがあります。ネモという名前は『海底二万マイル』のネモ船長から取っていて、何か華々しい活躍をしたりする人にならなくても、誰でもない人間のままでいいんだよという意味合いがあり、夢を見つけたり、好きなことを極めて輝いていくという道だけではないあり方をつくっていきたいというのは常に考えています。

森田さんには到達したといっていただいたんですけれども、数年前まではフリースクールの自治ということも掲げられていましたが、そこは到達したどころか、まだ実現できていないと感じて削った部分です。今、ようやくいろんな年代の子どもたちが集まりながら、自分が心地よい過ごし方と、彼が過ごしやすい過ごし方、彼女が過ごしやすい過ごし方に差異がある中で、メンバー同士が互いに心地よく過ごせるためにはどうしたらいいだろうと考えていくための葛藤が生まれつつあります。はらはらしつつも、ここを乗り越えていけたらこの場所は自治を基に運営される場所といえるようになるかもしれないとほのかな期待を抱いているところですが、まだまだ今のところは「好きなことをしていい、人からいわれたからといってしなくていいんだよ」ということを追求するのに精いっぱいで、他の人の事は「どうぞご勝手に」という状況の人もいます。そこをどう乗り越えていくかが今後のテーマでありつつも、そういうふうに大人が期待のまなざしで見ていると、自由からは離れていくかもしれないので、どうやってこれらを両立していけるのか、私自身もまだまだ勉強していかなければいけないなと考えているところです。

阿比留：松島さんの今のご発言をうかがっていて感じたのですが、私たちは評価されることに慣れていて、評価される自分でいないと駄目だというような気持ちをもっているのですが、評価だけで生きていくことに限界があるから学校に行けなくなったりだとか、会社に行けなくなったりしているのだろうとつくづく感じます。もちろんすごい難しいことだとは思いますが、他者からの評価をいったん棚上げにして、自分自身で等身大の自分を見れるようになるとか、自分の過ごしたい過ごし方を感じられるようになるみたいなことがとても大事だという気がします。不登校の居場所を考えた時に、社会からのまなざしだとか、親からの期待と心配のまなざしから、逃れられるような場はまだ必要なんだろうなとあらためて感じました。

私からの質問ですが、森田さんも松島さんも、余白の時間や何もしないことの保障の重要性を指摘されていますが、なかなか子ども・若者が育っていく中で位置づけられていない気がします。それは子どもに余白の時間がないだけでなく、大人や若者にも余白の時間がいいものとしては捉えられていない部分があることと関係しているように思うのですが、余白の時間の大事さや何もしないことの保障について、お二人から補足をいただけますでしょうか。

森田：僕自身、フリースクールの活動に関わる中で強く感じてきたのは、休むことや待つこと、何もしないで時間を過ごすことは一見ネガティブに受け止められがちですが、それらこそが余白とか遊びなのだということです。子どもの権利条約の中で休息権（第三一条）といわれていることが大事だと思っていて、通常、児童労働などは発展途上国の問題のように語られがちですが、子どもの問題だけじゃなくて大人の問題としても、休むことや遊ぶことの意味がもっと論じられるべきだと思います。

松島：余白の時間でいうと、うちに相談に来られる保護者さんたちは、小学生・中学生・通信制に通いながらフリースクールにも通う高校生のどの段階の保護者さんもみな、「今のうちはまだゆっくりしてていいかな」とおっしゃります。皆さんが、学校に所属している「今のうちは」とおっしゃるのですが、そういう期限付きの余白を与えられることで、今、不登校でこの先どうしようと思っている子どもが安心できるのだろうか、足りるのかと考えると、十分ではないのではないかという気がするのです。（私自身は小学校四年生で不登校をして、中卒のまま、一七歳からアルバイトを始めましたが、特に自分の生活費を入れるということもせずに、稼いだお金は本屋さんと車とバッティングセンターに全部使う。そのようなかたちで二五歳ぐらいまでフリーターをしていて、ようやく就職しました）私自身、働かねばならないと思っていた時期は苦しかったけれども、自分の欲望のために働くと楽しいという感じの時期を経て軟着陸していったので、余白があってはいけなくて、学校から離れたらすぐに就職して働かなければならないというプレッシャーのもとで生きていくことはなかなかしんどいなと感じます。そのため、大人になってもだらだらしてもいいのではないかと思うのですが、ただ、現代はフリーターでも何とか生きていけるというような世の中の状況でもなくなっています。

なんとかそういったところも含めて、社会に関心をもって変えてゆき、不登校の子どもにかぎらず、今の世の中の流れに乗っかって進んでいくのがしんどい人たちも含め、あらゆる人が生きやすい世の中をつくっていけるよう目を向けていく必要があると感じています。

三尾：本日は、どうもありがとうございました。

「早稲田教育ブックレット」№・34刊行に寄せて

大西　宏一郎

このブックレットは、早稲田大学教育総合研究所主催の教育最前線講演会シリーズ三九「不登校問題と子ども・若者の「居場所」の現在―不登校の子どもが生きる社会を拓く―」（二〇二四年一二月七日開催）での講演およびディスカッションをもとに内容を構成したものです。

コロナ禍以降、不登校の児童・生徒が急増しています。ある種センセーショナルな見出しで出されるマスコミの情報が独り歩きし、実際にどのような環境において、児童・若者がどのいうプロセスを経て不登校となっているのか、について十分に実態が共有されていないのと思います。多くの人々は自身の経験や報道される数事例に基づいて、なんとなく不登校のイメージを持っているのではないでしょうか。今回の公演では、不登校に関する現状やフリースクールの役割、不登校に対する対応のあり方など幅広い論点について、アカデミックな観点と現場の視点とを両方加味する形で高い解像度で議論されています。ブックレットを通じて、不登校にかかわる多様な状況・環境と問題について、広く情報が共有されることを願っております。

最後になりましたが、本書の編集と刊行では学文社の皆様、教育総合研究所のスタッフの皆様に大変お世話になりました。心より御礼申しあげます。

（早稲田大学教育総合研究所　副所長）

著者略歴（2025年3月現在）

森田　次朗（もりた　じろう）
中京大学現代社会学部准教授、博士（文学）。
略歴：京都大学大学院文学研究科博士後期課程研究指導認定退学。関西学院大学等非常勤講師、中京大学現代社会学部講師他を経て現職。専門は社会学（教育・福祉）、質的調査法。特に、不登校・欠席研究、オルタナティブ教育論（フリースクール、デモクラティックスクール、夜間中学）、子どもの権利論、社会・公民科教育法。
主要業績：分担執筆で『日常的実践の社会人間学』（山代印刷株式会社印刷部、二〇二一年、第一九章：「日常的実践論から子どもの「居場所」の成立条件を再考する」）、『雑草たちの奇妙な声』（風響社、二〇二一年、第十五章：「「夢の痕跡」を書く」）。共訳書に『文化・階級・卓越化』（青弓社、二〇一七年）等。

松島　裕之（まつしま　ひろゆき）
NPO法人ネモネット副理事長、フリースクールネモスタッフ。若者協同実践全国フォーラム理事
略歴：小学校四年生の後半より不登校となり、以来、学校には通わずに育つ。フリースクール等不登校支援活動のボランティア、有給職員、教育機会確保法の成立を目指すネットワーク組織事務局を経て現職に至る。
主要業績：他、社会活動として、子どもの権利条例を実現する会運営委員（二〇〇二年～二〇一〇年）、千葉県NPO活動推進委委員（二〇〇二年～二〇〇四年）等。

阿比留　久美（あびる　くみ）
早稲田大学文学学術院教授　若者協同実践全国フォーラム理事　博士（文学）
略歴：早稲田大学文学研究科修士課程修了後、同後期博士課程単位取得退学。早稲田大学文化構想学部助手、早稲田大学・横浜国立大学・法政大学・上智大学・國學院大學等非常勤講師、早稲田大学文学学術院准教授を経て現職。専門は社会教育学・教育学。特に居場所論、青年期教育論、移行研究、若者支援。
主要業績：『子どものための居場所論』（かもがわ出版、二〇二二）、『孤独と居場所の社会学』（大和書房、二〇二二）。共編著に『「若者／支援」を読み解くブックガイド』（かもがわ出版、二〇二〇）。共著に『ボランティア活動をデザインする』（学文社、二〇一三）など。

三尾　忠男（みお　ただお）
早稲田大学教育・総合科学学術院教授　修士（教育学）
略歴：鳴門教育大学大学院学校教育専攻修了、文部科学省大学共同利用機関　放送教育開発センター助手・助教授、（同機関）メディア教育開発

センター助教授、早稲田大学教育学部助教授を経て現職。専門は教育工学。学習のデジタル化、AIの教育活用のユースウェア的考察、、ICT活用のアクティブ・ラーニングに関心を持っている。『授業評価活用ハンドブック』（分担執筆、山地弘起編著、玉川大学出版部、二〇〇七年）

大西　宏一郎（おおにし　こういちろう）
早稲田大学教育・総合科学学術院教授　博士（経済学）
略歴：横浜市立大学商学部経済学科卒業。一橋大学大学院経済学研究科博士課程修了。文部科学省科学技術政策研究所、大阪工業大学などを経て現職。専門は産業組織論。
主要業績：Oikawa, Masato and Koichiro Onishi (2024) "Impact of Financial Support Expansion on Restaurant Entries and Exits During the CO-VID-19 Pandemic," Small Business Economics forthcoming 1-4.